KB214537

제자훈련 I

제자훈련의 터다지기

개역개정판

▌ 국제제자훈련원은 건강한 교회를 꿈꾸는 목회의 동반자로서 제자 삼는 사역을 중심으로
성경적 목회 모델을 제시함으로 세계 교회를 섬기는 전문 사역 기관입니다.

평신도를 깨운다 제자훈련 I

제자훈련의 터다지기

초판 1쇄 발행 2005년 12월 30일
개정 2판 48쇄(147쇄) 발행 2024년 9월 2일

지은이 옥한흠

펴낸이 오정현
펴낸곳 국제제자훈련원
등록번호 제2013-000170호(2013년 9월 25일)
주소 서울시 서초구 효령로68길 98(서초동)
전화 02)3489-4300 **팩스** 02)3489-4329
이메일 dmipress@sarang.org

ISBN 89-5731-125-4 03230(세트)
ISBN 89-5731-126-2 03230

※ 책값은 뒤표지에 있습니다. 잘못된 책은 구입하신 곳에서 교환해 드립니다.

제자훈련 Ⅰ

제자훈련의 터다지기

옥 한 흠

국제제자훈련원

왜 제자훈련이 필요한가?

제자훈련의 산실은 부활하신 예수 그리스도께서 승천하시기 직전에 남겨 놓고 가신 마태복음 28장 18~20절의 말씀이라고 할 수 있다.
"예수께서 나아와 말씀하여 이르시되 하늘과 땅의 모든 권세를 내게 주셨으니 그러므로 너희는 가서 모든 민족을 제자로 삼아 아버지와 아들과 성령의 이름으로 세례를 베풀고 내가 너희에게 분부한 모든 것을 가르쳐 지키게 하라 볼지어다 내가 세상 끝 날까지 너희와 항상 함께 있으리라 하시니라."
제자를 만들라고 명령하신 분은 전 우주의 권세를 가지신 예수 그리스도시다. 그리고 제자로 만들 대상은 모든 족속이다.

제자가 되기를 원하는 사람은 예수를 믿고, 교회에서 세례를 받아야 한다. 그러므로 제자훈련은 교회를 통해서 실시되어야 한다. 제자훈련의 내용은 예수 그리스도께서 가르쳐 주신 모든 말씀이다. 훈련의 방법은 가르쳐 지키게 하는 데 있다. 가르치는 데서 끝나지 않고, 그것을 지키게 하는 일까지 책임지는 지도자라야 한다.

누가 제자훈련을 시킬 수 있는가? 먼저 자신이 제자로 만들어진 사람이어야 한다. 왜냐하면 예수님 자신이 3년 동안 훈련을 시킨 제자들에게 그 일을 부탁하셨기 때문이다.

예수님이 막연히 전도하라고 말씀하시지 않고, 제자를 만들라고 하신 의도를 파악하는 것이 매우 중요하다. 이것은 그가 왜 3년을 소비해 가면서 불과 몇 십 명의 제자를 만드는 데 모든 정력을 다 바치셨는가를 연구하면, 어렵지 않게 풀리는 문제이다. 예수님은 이 세상을 구원하고 하나님 나라를 세우기 위해 그 일을 맡을 사람을 찾고 계셨다. 그것도 다수가 아니라 소수의 사람이었다. 주님은 작은 자가 천을 이루고, 약한 자가 강국을 이루리라고 예언하신 이사야의 말씀을 확신하고 계셨던 것이다(이사야 60:22). 자기 손에서 만들어진 소수가 다수를 이끌 수 있을 뿐 아니라 세상을 정복할 수 있는 능력을 가질 수 있다는 사실을 의심하지 않으셨다.

그러므로 제자훈련은 소수 정예화의 전략이다. 그 소수를 가지고 다수를 동력화시키려는 작전이다. 주님이 제자를 만들라고 하시는 배후에는 이러한 숨은 의도가 깔려 있었던 것이다. 결국 그의 판단은 옳았다. 불과 12명으로 시작되었지만, 그들을 이은 수많은 제자들을 통해 오늘날 하나님의 나라가 물이 바다를 덮음같이 이 세상 위에 우뚝 서 가지 않는가?

오랫동안 교회는 예수님이 제자를 만들라고 하신 말씀의 진의를 바로 파악하지 못했다. 일반적인 의미로 전도하라는 말로만 이해했을 뿐이다. 그러나 젊은이들의 세계를 파고들어 놀라운 헌신을 하는 선교 단체들을 통해, 제자훈련에 대한 새로운 이해와 도전이 시작되었다. 세월이 흐름에 따라 그들이 바로 보았다는 증거가 나타나고 있다.

이제 남아 있는 큰 숙제는 젊은이의 세계에서처럼 지역 교회 안에서도 제자훈련을 시키는 일이다. 이 작업은 아직도 개척기에 있으며, 많은 장애 요소와 싸우지 않으면 안 되는 어려운 시점에 놓여 있다. 사랑의교회가 개척 초기부터 제자훈련이라는 비전을 내세운 것은 교회가 그리스도의 제자를 만들어야 한다는 신념과, 교회를 다니는 사람들이 그리스도의 제자가 안 되면 교회가 현대 사회를 감당할 수 없을 것이라는 위기 의식에서 비롯된 것이었다.

제자훈련을 통해 소수의 정예화, 전 교회의 총력화를 시도할 수 있다. 비록 어려운 가시밭 길이었지만, 지난 20여 년 동안 하나님께서 축복하심으로 사랑의교회는 제자훈련에 있어 많은 열매를 맺을 수 있었다. 무엇보다 기쁜 것은 지역 교회에서도 제자화가 가능하다는 청신호를 보내는 교회가 점점 많아지고 있다는 사실이다. 제자훈련을 받으면, 평신도들은 교회 안에서 은사대로 서로 봉사하는 유기적인 교제를 이끌어 가는 주역을 담당하게 된다. 그래서 다른 형제들을 가르치며, 세워 주는 봉사를 통해서 전 교회가 세상 앞에서 그리스도의 제자로 나타나게 만드는 것이다. 이것이 교회가 세상에서 빛과 소금의 소명을 다할 수 있는 지름길이라고 확신한다.

제자훈련은 소그룹이라는 특수한 환경을 통해서 이루어진다. 그리고 교역자의 손에서 만들어진다. 이것은 예수님이 우리에게 보여 주신 모범이요, 지도 지침이라고 할 수 있다.

오늘날 교회가 체질을 개선하고, 새로운 이미지를 가진 존재로 세상 앞에 나서려면 교회 본질과 소명을 회복해야 한다. 이것은 세상에서 부름받은 하나님의 백성인 동시에 세상으로 보냄받은 그리스도의 제자라는 정체성을 확고하게 할 때만이 가능한 일이다. 제자훈련은 잠자는 평신도에게 정체성과 소명을 일깨우고 실현케 하는 가장 성경적이고도 효과적인 방법이다. 이러한 제자훈련을 통해 머지 않아 우리 나라의 모든 교회가 그리스도의 제자로 탈바꿈하는 새로운 장이 열릴 것을 조금도 의심치 않는다. 사람으로서는 할 수 없으되, 오직 하나님은 하실 수 있다고 하셨다(마 19 : 26). 그 때에는 만유의 주 예수 그리스도께서 더 큰 영광과 경배를 받으실 수 있을 것이다.

유의 사항

제자훈련을 만족스럽게 받으려면
다음의 몇 가지 유의 사항을 잘 지켜야 한다.

1. 지도자를 사랑하고, 신뢰하며, 그를 위해 열심히 기도해 주어야 한다. 그렇지 않으면 자신에게 별 유익이 없을 것이다.

2. 결석을 하거나 중도에 하차하지 않도록 각별히 노력해야 한다. 한 두 번의 고비가 있을지 모르지만, 그때마다 도와주고 아껴 줘야 한다.

3. 교재 예습을 반드시 해야 한다. 예습을 하는 것과 하지 않는 것에는 많은 차이가 있다. 똑같은 시간을 소비하면서 얻는 수확이 남만 못하다면, 그것은 참을 수 없는 일이다. 예습을 하지 않는 데서 오는 손해를 후에 보상받을 생각은 하지 않는 것이 좋다.

4. 매주 가정에서 준비해 와야 하는 과제들을 소홀히 다루지 않도록 노력하자. 처음부터 숙제를 철저하게 하는 습관을 몸에 익히는 것이 좋다.

5. 전인격적인 훈련의 기회로 삼아야 한다. 머리만 움직이는 사람은 차가운 이론가는 될지 모르나 주님을 사랑하는 제자는 될 수 없다. 우리의 지·정·의가 모두 집중되는 훈련이라야 거기에 성령의 놀라운 개입을 체험할 수 있게 된다. 말씀을 배웠는가? 그 말씀을 안고 기도하라, 기도는 배운 바를 마음에 담는 작업이다. 그리고 즉시 그 말씀을 실천의 도장으로 옮겨 놓으라. 이렇게 말씀을 배우고, 깨닫고, 실천하는 과정에서 자신도 모르는 사이에 주님을 닮아가는 자신을 발견하게 될 것이다.
"내가 주의 법을 어찌 그리 사랑하는지요 내가 그것을 종일 작은 소리로 읊조리나이다"(시편 119:97).

제자훈련의 터다지기

제자훈련 교재 1권에서는
제자훈련을 시작하여 마칠 때까지
하루도 빠짐없이 실천해야 할
기본적인 훈련 패턴을 배우게 될 것이다.
한마디로 말하면 어떻게 말씀을 읽으며,
기도 생활을 할 것인지를 공부하는 것이다.
당신이 매일 말씀과 기도를 통해
얼마나 하나님과 긴밀한 교제를 유지하고 있는가 하는 문제는
바로 당신의 제자훈련과
더 나아가서는 일생 동안의 영적 발전에
결정적인 영향을 미치게 된다는 사실을
한시도 잊지 말아야 할 것이다.

차례

1

나의 신앙고백과 간증

예수님을 믿으면 어디서 누구를 만나든지 자신의 신앙을 고백할 수 있어야 한다. 초대 교회 성도들은 잘못하면 끌려가 죽임을 당할 수 있었던 환경에도 불구하고, 가정과 일터에서 예수님이 자신의 구주 되심을 조금도 부끄러워하지 않고 자랑하며 전했다. 교회를 다니면서도 자신의 신앙을 고백하는 데 부끄러워하거나 확신이 없다면 매우 염려스러운 현상이 아닐 수 없다. 그리고 서로의 신앙을 고백하고 간증하는 분위기에서는 마음과 마음을 깊이 나눌 수 있는 영적 교제를 맛볼 수 있다. 오늘날 교회가 차가워지는 이유 가운데 하나는 서로 신앙고백을 나누는 교제가 사라지고 있다는 것이다. 우리 모두는 처음 만나서 이제 막 훈련을 시작했다. 그러므로 서로의 마음을 열고 받아들이는 것은 매우 중요하다. 이제 솔직하게 각자가 자신의 신앙을 고백하면서 다른 형제들의 이야기를 들어 보자. 하나님의 자녀들만이 모인 자리에서 체험할 수 있는 기쁨이 우리의 마음을 윤택하게 할 것이다.

1. 사도 바울은 복음을 전하는 중에 필요하다고 생각되면 자신이 어떻게 예수님을 믿게 되었는지에 대해 간증하기를 좋아했다. 사도행전 22장 1~16절을 펴서 자세히 읽어 보라.

_____

_____

_____

2. 우선 바울은 자신이 예수님을 만나기 전에 어떤 사람이었던가를 솔직하게 이야기하고 있다. 그 내용이 무엇인가? (3~5절)

_____

_____

_____

3. 다음으로 그는 자신이 어떻게 예수님을 만나게 되었는가를 생생하게 말하고 있다. 그 내용이 무엇인가? (6~10절)

_____

_____

_____

_____

4. 마지막으로 그는 예수님을 믿고 나서 어떤 사람이 되었는가를 말하고 있다. 그 내용을 말하라. (13~15절)

_____

_____

_____

5. 바울의 예를 통해 우리가 신앙고백을 간증 형식으로 하려고 할 때에는 적어도 세 가지 내용을 갖추어야 한다는 사실을 배울 수 있었다. 예수님을 믿기 전의 자기 형편, 예수님을 믿게 된 과정, 예수님을 믿은 다음에 일어난 변화가 그것이다. 당신은 이런 식으로 자신의 신앙을 간증할 수 있다고 생각하지 않는가? 글로 써 보든지 말로 해보라.

---

6. 바울의 간증에서는 한 가지 중요한 것이 빠져 있다. 무엇이 빠졌는지 베드로의 신앙고백과 비교하여 보라. (마태복음 16:16, 17)

---

7. 당신은 베드로처럼 예수님을 고백할 수 있는가? 당신의 말로 분명하게 신앙고백을 해 보라.

---

8. 만일 바울이나 베드로처럼 확신을 가지고 자신의 신앙을 간증하거나 고백하기가 어려우면, 그 이유가 어디에 있다고 생각하는가?

---

9. 예수님을 믿기 시작했을 때 사람을 깜짝 놀라게 할 만한 어떤 사건이나 변화를 체험한 사람들은 자신이 예수님을 믿게 된 과정을 어렵지 않게 이야기한다. 그러나 믿는 집안에서 태어났거나 주일학교 때부터 교회에 출석했던 사람들은 그렇지 못한 경우가 종종 있다. 싱거워서 할 말이 별로 없다는 식이다. 당신은 어느 경우에 해당하는가?

_____

_____

_____

_____

10. 우리에게 감동적인 체험이 있든 없든, 예수 그리스도를 사람들 앞에서 고백하는 것은 우리 모두의 의무이다. 중요한 것은 나 자신의 믿음을 확실히 고백할 수 있어야 한다는 것이다. 이 시간 공부하면서 다른 형제들의 고백을 들었을 것이다. 그리고 자신에게 어떤 문제점이 있는가를 발견했을 것이다. 집으로 돌아가서 다시 한 번 자신의 신앙고백을 간증 형식으로 기록해서 가져오도록 하자.

_____

_____

_____

_____

영원으로 통하는 창문

당신이 창문에 관해서 공부하고 싶다면, 창문 몇 개만 연구하면 될 것이다. 문제가 있다면, 당신이 창문만을 보지 않고 그 창문들을 통해서 보이는 다른 어떤 것을 보게 된다는 사실일 것이다. 나와 호기심이 비슷하다면, 때때로 연구하고자 하는 창문 자체는 잊어버리고 그것을 통해서 보이는 다른 것들을 보느라 정신이 없을 것이다.

간증도 이와 마찬가지이다.
정말로 중요한 것은 간증 자체가 아니라, 간증을 통해서 보게 되는 그 무엇이다. 왜냐하면 간증이란 영원으로 통하는 창문이기 때문이다. 그것을 통해서 우리는 삶과 죽음의 가장 심각한 문제들을 들여다보게 된다. 당신이 지금 간증을 하고 있다는 사실을 잊어버린 지 얼마 지나지 않아, 당신은 그 간증 너머에 있는 것을 보고 놀라게 된다. 그래서 시시때때로 나는 유리창을 두드려 보아야만 했다. 내가 하고 있는 일이 무엇인지 잊지 않기 위해서….

– 맥 스타일즈 –

2

하나님과 매일 만나는 생활

우리는 '예수님을 믿는다는 것'과 '하나님과 만나서 마음을 나눈다는 것'은 같은 말이 아니라는 사실을 알아야 한다. 종종 보면 분명히 그 집안의 자식인데, 부모와 담을 쌓고 사는 아들이나 딸들이 있다. 이것은 자식으로 태어났다고 해서 반드시 부모와 좋은 교제를 나누는 것은 아니라는 것을 보여 주는 좋은 예라 하겠다. 잘못하면 하나님 아버지와 우리 사이가 그렇게 될 수 있다. 우리가 신앙생활을 건강하고 기쁘게 유지하려면 하나님과 마음을 나누는 영적 교제를 잘해야 한다. 하나님과 매일 만나는 교제의 생활을 일컬어 경건의 시간을 가진다고 말한다. 매일 시간을 정해서 찬양과 말씀과 기도하는 습관을 가지면 마치 가지가 나무에서 진액을 공급받아 그 잎이 푸르고 열매를 맺는 것과 같은 축복을 누리게 된다. 제자훈련을 시작하는 초반부터 이런 값진 습관을 생활화하는 것은 대단히 중요하다. 매일 신령한 교제가 없이는 하나님의 영광을 위해 큰일을 할 수 없다. 인격적인 교제란 부드럽고 자연스럽게 지속적으로 유지되어야 그 맛이 달고 즐거운 법이다. 하나님과 우리 자신과의 사이에도 이런 단맛이 있어야 한다. 이제 어떻게 매일 하나님과 인격적인 교제를 나눌 수 있는가를 공부하도록 하자.

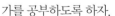
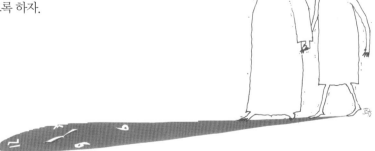

1. '하나님과 교제한다'는 말의 의미에 대해 히브리서 저자는 참 멋진 말로 표현하고 있다. 히브리서 4장 16절을 가지고 다음 질문에 대답하라.

   1) 언제 교제가 필요한가?

   _____

   _____

   _____

   _____

   2) 교제를 하는 목적은 무엇인가?

   _____

   _____

   _____

   _____

   3) 교제하는 자는 어디로 나아가야 하는가?

   _____

   _____

   _____

2. 예수님은 세상에 계실 동안 하나님과 너무나 아름다운 교제를 지속하셨다. 그분이 하나님과 교제를 가지셨던 때와 장소 그리고 내용에 대해 말하라. (마가복음 1:35)

   _____

   _____

   _____

   _____

3. 예수님의 하루 생활은 눈코 뜰 새가 없을 정도로 매우 바쁘셨다. 그분이 24시간을 어떻게 보내셨는지 안식일부터 그 다음날까지의 일과를 마가복음 1장을 가지고 살펴보자.

• 안식일 오전 (21~28절)

_____

_____

_____

_____

_____

• 안식일 오후 (29~31절)

_____

_____

_____

_____

• 안식일 저녁 (32~34절)

_____

_____

_____

_____

_____

• 다음날 아침 (35절)

_____

_____

_____

_____

4. 예수님이 그토록 분주한 나날을 보내시면서도 아침 일찍 하나님
   과 만나는 경건의 시간을 빠뜨리지 않으셨다는 사실을 보고 당신
   은 무엇을 느끼는가?

   _____

   _____

   _____

5. 당신은 '바쁘다, 시간이 없다'는 핑계를 앞세워 경건의 시간을 빼
   먹는 버릇이 없는가? 있다면 언제부터 그랬으며, 그 일로 인해 신
   앙 생활에서 입은 피해가 무엇인지 말하라.

   _____

   _____

   _____

   _____

6. 매일 시간을 정해 놓고 하나님과 만나고 싶어도 잘 안 되는 이유
   가 무엇이라고 생각하는가?

   _____

   _____

   _____

7. 경건의 시간을 잘 지키기 위해 몸에 익혀야 할 습관이 있다면 그
   것은 무엇인가?

   _____

   _____

   _____

8. 하나님과 바른 교제를 나누기 원하면 반드시 기도를 해야 한다는 사실을 예수님으로부터 배울 수 있다. 당신은 매일 어떻게 기도를 하고 있는가?

_____

_____

_____

_____

9. 말씀을 읽고 묵상하는 것은 하나님과 만날 때마다 그분의 말씀에 귀를 기울이는 태도이다. 시편 119편 97~102절을 펴놓고 대답하라.

  1) 성경을 대하는 마음가짐은 어떠해야 하는가? (97절)

  _____

  _____

  _____

  _____

  2) 성경을 읽고 배우는 태도는 어떠해야 하는가? (102절)

  _____

  _____

  _____

  _____

  3) 배운 말씀을 마음에 간직하는 방법은 무엇인가? (97, 99절)

  _____

  _____

  _____

  _____

4) 배운 말씀대로 살기 위해서는 어떻게 해야 하는가? (101절)

_____

_____

_____

_____

10. 위의 네 가지 사실 중에서 당신에게 가장 문제가 된다고 생각되
는 것은 무엇인가?

_____

_____

_____

_____

11. 이 시간 배운 내용을 다시 정리하고 각자가 집에 돌아가 당장 실
천해야겠다고 생각되는 것이 무엇인지 말하라.

_____

_____

_____

_____

나는 날마다 (　　:　　)부터 (　　:　　)까지
(　　　　　　　　　　　)에서 주님과 만날 것을 약속합니다.

_____년 _____월 _____일

_____인

그렇습니다!

오! 하나님,
나로 하여금 오늘 내게 일어나는 모든 것들에 대해
올바른 방법과 자세로 임하게 하옵소서.
일을 시작함에 있어서 기쁜 마음으로 하게 하시고,
맡은 바 사명을 충실히 행하게 하옵소서.
사람들을 대함에 있어 친절하게 하시고,
필요하다면 어리석은 자들도 기꺼이 용납하게 하옵소서.
나로 실망케 하고, 좌절시키며, 비난하고, 방해하는 것들에 대해서도
분노하지 말고 참게 하옵소서.
나의 마음을 애태우며 기다리게 할 때도 인내하게 하시고,

누가 내게 부당한 것을 요구해 올 때에도
자제함으로 성내지 않게 하옵소서.
칭찬에 대해서는 겸손으로,
그리고 질책에 대해서는 자중하는 마음으로
그것을 수용하게 하옵소서.
나로 하여금 마음의 평안을 누리는 하루가 되게 하옵소서.
예수님의 이름으로 기도드립니다. 아멘.

－ 윌리엄 바클레이 －

3
경건의 시간

지난주에 우리는 성공적인 신앙 생활을 하기 위해서 하나님과 매일 만나는 생활을 해야 한다는 것을 배웠다. 경건의 시간이란 기도와 말씀을 가지고 매일 규칙적으로 하나님과 나누는 영적 교제의 한 방법이라고 할 수 있다. 이제 우리에게 남은 절실한 과제는 날마다 경건의 시간을 어떤 식으로 가질 것이냐 하는 것이다. 한국 교회가 지난 100여 년간 해 왔듯이 새벽 기도회에 나가서 예배를 드린 다음 개인적으로 얼마 동안 기도하고 성경 몇 장 읽는 식으로 해도 훌륭한 하나님과의 교제가 될 수 있을 것이다.

그러나 최근에 와서는 교역자가 일방적으로 인도하는 예배에 피동적으로 참여하는 방법보다, 평신도 각자가 스스로 말씀을 묵상하고 기도할 수 있는 직접적인 방법에 더 큰 관심을 갖기 시작했다. 그래서 경건의 시간을 효과적으로 가질 수 있는 여러 가지 방법들을 내놓고 있다. 이 시간에는 그 중에서 몇 가지를 소개하고, 지도자가 추천하는 한 가지 방법을 가지고 실제로 실습해 보려고 한다.

1. 지난 한 주간 동안 하나님과 만나는 시간을 어떻게 가졌으며, 각자 받은 은혜는 무엇이었는지 이야기해 보라.

_____

_____

_____

_____

2. 경건의 시간에 말씀을 묵상하면서 기록하는 내용은 주로 다음 네가지 정도이다. 다음에 소개하는 사례는 제자훈련을 받은 어느 자매가 기록한 경건의 노트이다. 자세히 읽고 각 항목의 차이점이 무엇인지를 살펴보라.

제목: 섬기는 자 (누가복음 22:24~27)	
내 용 관 찰	제자들 가운데 그 중 누가 크냐 하는 다툼이 일어났다. 예수님께서 말씀하셨다. "이방인의 임금들은 권력으로 백성을 주관한다. 그 집권자들은 은인이라 칭함을 받는다. 그러나 너희는 그러면 안 된다. 너희 중에 큰 자는 어린이와 같은 자다. 또 섬기는 자와 같은 자다. 앉아서 먹는 자가 크냐, 시중드는 자가 크냐? 앉아 먹는 자가 크지 않느냐? 그러나 나는 시중드는 자, 곧 섬기는 자로 너희 곁에 있다."
연 구 와 묵 상	1) 제자들은 예수님의 심정을 너무나 몰라 주었다. 다툼이 일어나기 전 예수님 께서는 떡과 포도주를 나누시며 이제 고난을 받으실 것을 이야기하시고, 또 자신을 파는 자가 누구인가를 말씀하셨다. 이처럼 침통하고 엄숙한 분위기에 서 이들은 예수님의 심정은 아랑곳하지 않고, 그 후의 자기 처지만을 생각하 는 이기심으로 가득 차 있음을 본다. 2) 제자들은 '누가 제일 크냐?' 하는 문제로 암투하고 있었다. 그들의 갈등은 어제오늘의 일이 아니었다. 그 단적인 예가 세베대의 두 아들이 약삭빠르게 선수를 쳐서 예수님의 좌우편에 앉게 해 달라고 청한 사건이다(마가복음 10:37). 이것을 본 다른 지체들은 울화통이 터져 씩씩거렸다(마가복음 10:41). 3) 그들은 예수님의 교훈과 모범을 명심하고 있어야 했다. 불과 며칠 전에 제자

연구와 묵상	들은 똑같은 문제를 가지고 말썽을 부렸는데 그때 주님은 중요한 교훈을 말씀하셨다. '으뜸이 되고자 하는 자는 모든 사람의 종이 되어야 한다'는 것이다(마가복음 10:43, 44). 그리고 예수님은 자기는 선생이지만 섬기기 위해 왔다고 하셨다(마가복음 10:45). 왜 그들은 이 교훈을 금방 잊어버렸을까?
느낌	크고자 하는 욕망 때문에 내 마음속에도 늘 다툼이 있다. 나 개인으로서도 남들 앞에 으뜸이 되고 싶고, 내 남편과 아이들로 인해서도 남들 앞에 인정받고 싶은 욕심이 가득 차 있다. 하지만 진정으로 큰 것은 세상으로부터의 인정이 아니라 하나님께로부터 인정을 받는 것인데, 나는 두 가지를 다 쥐려고 얼마나 노력해 왔는가! 낮아지는 것이 높아지는 것인 하나님 나라의 원리와 세상의 원리는 다르며, 두 가지를 한꺼번에 취하려 하는 것은 불가능한 것임을 깨닫는다.
결단과 적용	제자반을 처음 시작할 때는 '제일 잘해야지. 잘할 거야' 하는 자만심을 가지고 있었다. 제자반 식구들과 몇 달을 같이 생활하면서 그 자만심은 점점 누그러져 갔다. 제자반 식구들이 나보다 훨씬 순수하고, 더 열정적이며, 꾸준하며, 주님 안에서 변화받으려는 의지가 대단하다. 그들을 보며 나에게 있는 욕심과 교만함을 느끼고 회개하며, 이제는 그들의 순수함을 배우려 애쓰고 또 그로 인해 자극받기를 기뻐한다. 섬기는 자의 생활을 하기 위해 금주에는 작은 일 몇 가지를 실천하고 싶다. * 순장님 돕기 – 다음 주일에 있을 다락방을 앞두고 많이 걱정하고 있는 몸 약한 집사님에게 음식을 하나 해다 드리자. * 10월 1일 운동회 때 다락방 식구들이 모여 점심을 준비하기로 했다. 시간이 없다는 핑계로 쉬운 것을 맡으려고 했는데 가책이 된다. 정성과 성의를 다해 준비해 가야겠다.

3. 만일 당신이 경건의 시간을 노트에 기록한다면 네 가지 내용 가운데서 어느 것이 가장 힘들고, 어느 것이 그런 대로 해 볼 수 있다고 생각하는가?

_____

_____

_____

_____

4. 경건의 시간에 사용하는 노트는 주로 다음 네 가지 형식으로 기록한다. 도표를 가지고 서로 비교해 보라.

구분	내용 관찰	연구와 묵상	느낌	결단과 적용
A형			○	
B형	○		○	
C형	○		○	○
D형	○	○	○	○

5. A, B, C, D 네 가지 형식 가운데 당신의 입장에서는 어느 것이 큰 부담 없이 날마다 즐겁게 할 수 있는 형식이라고 보는가?

_____

_____

_____

_____

6. 지도자가 선택한 본문을 가지고 당신이 좋다고 생각하는 형식으로 간단히 경건의 노트를 써 보라. 그리고 서로 돌아가면서 발표하는 시간을 갖자.

_____

_____

_____

_____

묵은 만나

우리는 그리스도를 한꺼번에 많이 소유해서 일생 동안 살아갈 수는 없다. 만나는 일주일에 6일 동안 날마다 새롭게 내렸지만 오래갈 수는 없었다. 따라서 야위고 반쯤 굶주린 그리스도인이 대단히 많은 이유는 저들이 묵은 만나를 먹고 살기 때문이다.

- D. L. 무디 -

주여, 바깥문을 닫사오니 제게 말씀하옵소서.
주위가 소란스러울 때에는 아무 것도 들을 수 없나이다.
이제 저의 마음 문을 여오니 제게 속삭이소서.
밖이 아무리 시끄러울지라도 주의 말씀을 들을 수 있나이다.

- 윌리엄 루닝 -

4

살았고 운동력 있는 말씀

세상에 있는 모든 책은 시간이 지나면 죽은 글이 되어버린다. 가장 오랫동안 읽히고 있는 위대한 작품이라 할지라도 약간의 감동을 주고 있을 뿐이다. 이에 비해 성경은 시간을 초월하여 항상 살아 있는 말씀이다. 이 점에 대해서는 성경 자체의 증거를 가지고 얼마든지 말할 수 있을 뿐 아니라 현실적으로 나타나는 수많은 사례를 통해서도 자신 있게 입증할 수 있다. 우리가 성경의 불멸성을 잘 알지 못하면 예수님 당시의 바리새인들처럼 하나님의 말씀과 능력에 대해 크게 오해할 수 있다. 하나님의 말씀은 살았고 운동력 있는 말씀이라는 사실을 다시 한번 확인하자. 이 얼마나 놀라운 발견이며 축복인가!

1. 성경이 살아 있는 하나님의 말씀이라는 사실을 히브리서 4장 12, 13절은 어떻게 이야기하고 있는가?

   _____

   _____

   _____

2. 하나님께서 살아 있는 그의 말씀을 기록하여 우리 손에 들려 주신 두 가지 목적이 있다. 그것이 무엇인가?

   • 디모데후서 3:15

   _____

   _____

   • 디모데후서 3:17

   _____

   _____

3. 성경이 과연 살아 있는 하나님의 말씀인가는 죄인을 구원하는 복음의 능력에서 찾아볼 수 있다. 이 점에 대해서 로마서 1장 16절은 어떻게 말씀하고 있는가?

   _____

   _____

4. 당신은 언제부터 성경이 구원을 주시는 하나님의 능력이라는 것을 알게 되었는가?

   _____

   _____

   _____

5. 하나님이 성경을 주신 두 번째 목적은 우리의 신앙 인격과 삶을 온전케 하는 데 있다고 했다. 우선, 먼저 사람을 온전케 한다는 의미가 무엇이라고 생각하는가? (참고, 에베소서 4:15)

_____

_____

_____

_____

6. 선한 일을 행하기에 능력을 갖추게 한다는 말은 무슨 뜻인가? (참고, 에베소서 4:19~24)

_____

_____

_____

_____

7. 우리는 온전하게 된다는 말을 지나치게 해석하지 말아야 한다. 죄를 전혀 안 짓는다거나 흠이 조금도 없는 상태를 의미하는 것이 아니기 때문이다. 이것은 하나님의 자녀가 매일 주님을 닮아가는 성화의 과정을 가리킨다. 그러므로 중요한 것은 우리가 매일 하나님의 말씀을 읽고 배우면서 어느 정도로 온전해지고 있느냐 하는 점이다. 이 점에 대해 요한일서 3장 3절은 우리에게 무엇을 교훈하고 있는가?

_____

_____

_____

_____

8. 솔직하게 말해서 당신은 1년 전에 비해 사람 됨됨이나 생활이 어
   느 정도 온전해지고 있다고 생각하는가? 구체적인 예를 한두 가지
   만 들어 보라.

   _____

   _____

   _____

9. 우리를 온전하게 하기 위해 성경이 가지고 있는 놀라운 기능 네
   가지는 무엇인가? (디모데후서 3:16)

   _____

   _____

   _____

10. '교훈'은 선악에 대해 가르치는 말씀이다. '책망'은 우리가 범
    한 죄를 지적하는 말씀이다. '바르게 함'은 회개하게 하시는 역
    사이다. '의로 교육함'은 진리를 깊이 깨닫도록 인도하시는 가르
    침이다. 이상과 같은 네 가지 기능 가운데 당신이 성경을 읽을 때
    마다 가장 많이 체험하는 은혜는 어느 것인가?

    _____

    _____

    _____

11. 우리 주변을 보면 성경은 부지런히 들고 다니는데 아무런 변화
    도 일어나지 않는 사람이 너무 많다. 성경을 읽어도 책망의 소리
    를 잘 듣지 못한다. 회개하기를 싫어한다. 진리를 잘 분별하지 못
    한다. 그럼에도 불구하고 대수롭지 않은 것처럼 여기고 있다. 얼
    마나 답답한 일인가? 만의 하나라도 당신이 그런 사람 중의 하나
    가 아닌지 반성해 보라.

영적 양식 그리고 변화

영적으로 읽는 것은 우리의 영혼을 위한 양식입니다. 우리가 성경이나 또는 다른 영적인 책의 말씀을 천천히 우리의 마음속으로 가져와서 우리의 심장으로 내려오게 하면, 우리는 전과는 다른 사람이 됩니다. 말씀은 점점 우리의 내부에서 육신이 되고, 나아가서 우리 존재의 전부를 변화시킵니다. 그러므로 영적인 책 읽기는 하나님의 말씀을 끊임없이 우리 자신 안에서 구체화시키는 것을 의미합니다.

하나님은 예수 그리스도 안에서, 그리고 예수 그리스도를 통하여 이미 오래전에 육신이 되셨습니다. 그리고 하나님의 말씀에 대한 우리의 깊은 생각 속에서 하나님은 지금 우리 안에서 육신이 되시며, 또한 우리들을 살아 있는 그리스도로 만드십니다. 사랑과 큰 존경심을 가지고 하나님의 말씀을 계속 읽으십시오.

– 헨리 나우웬 –

5

무엇이 바른 기도인가?

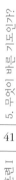

하나님의 자녀에게는 하나님의
존전으로 자주 나가는 기도 생활만
큼 인생 전반에 영향을 미치는 것이
없다. 기도를 성도의 호흡이라고 비
유한 말이 있다. 이는 기도의 절실함을
잘 표현하는 말이라 할 수 있다. 숨을 쉬
지 아니하면 아무도 살아남을 수 없듯이
기도하지 아니하면 영혼의 생명을 지탱할
수 없다. 고오든의 말이 얼마나 가슴을 치는
충고인가? "오늘날 이 세상의 위대한 사람들
은 기도하는 사람들이다. 기도에 대해서 말하
거나 설명할 수 있는 사람이 아니라 바로 시간
을 내어 기도하는 사람을 말한다. 그들은 시간이
없다. 다른 어떤 일에서 시간을 떼어내야만 한다.
다른 어떤 일도 중요하다. 대단히 중요하며 긴급하
다. 그러나 기도만큼 중요하고 긴급하지는 않다."

1. 히브리서 4장 14~16절을 다섯 번 이상 읽어라. 그리고 16절을 암
   송하라.

   _____
   _____
   _____
   _____

2. 예수님은 우리에게 큰 대제사장이 되신다. 그분이 지금 계신 곳은
   어디인가? (16절)

   _____
   _____
   _____

3. 16절의 '그러므로'에 주목하라. 이 말은 우리가 기도로 하나님께
   매달려도 좋을 근거가 된다. 15, 16절을 서로 연결해서 검토하고
   그 이유를 말하라.

   _____
   _____
   _____

4. 기도는 우리가 하나님 앞으로 나가는 일이므로 확실히 큰 특권임
   에 틀림없다. 당신은 이 놀라운 특권을 함부로 하거나 소홀히 해
   서 영적으로 가난하고 어리석은 자가 되어 있지는 않은가?

   _____
   _____
   _____
   _____

5. 우리가 기도할 때 피해야 할 함정이 많다. 우선 먼저 예수님께서
   바리새인들의 기도를 가지고 경고하신 것은 무엇인가?

   • 마태복음 6:5

   _____

   _____

   _____

   _____

   _____

6. 주님이 기뻐하시는 기도는 어떤 것인가?

   • 마태복음 6:6, 7

   _____

   _____

   _____

   _____

   _____

7. 골방은 어디를 말하는 것일까? 그리고 당신의 골방에 대해 소개해
   줄 수 있는가?

   _____

   _____

   _____

   _____

8. 중언부언하는 기도가 무엇인지 자신의 생각을 말해 보라.

_____

_____

_____

_____

_____

9. 당신은 마음에도 없는 말을 입버릇처럼 하는 기도 내용이 없는가?
   자신이 중언부언으로 기도하기 쉬운 사례들을 적어 보라.

_____

_____

_____

_____

_____

10. 주기도문은 우리가 구해야 하는 기도 내용에 대해 가르치고 있
    다. 마태복음 6장 9~13절을 가지고 기도의 내용과 우선순위에
    대해 살펴보자.

    • 하나님의 영광을 위해 먼저 구해야 할 것 세 가지

_____

_____

_____

_____

• 우리의 필요를 위해 그 다음으로 구해야 할 것 네 가지

_____

_____

_____

_____

_____

11. 당신의 기도에서 최우선의 관심사는 무엇인가? 다시 말해서 기도할 때마다 제일 중요하게 여기고 간구하는 제목은 무엇인가?

_____

_____

_____

_____

_____

12. 당신의 관심사와 예수님이 가르쳐 주신 관심사를 비교하면서 느끼는 것이 있으면 솔직하게 말해 보라.

_____

_____

_____

_____

_____

_____

13. 당신은 주님이 가르쳐 주신 기도를 배우면서 자신의 기도를 수정
해야겠다고 생각하지 않는가? 그렇다면 어떻게 수정하겠는가?

_____

_____

_____

_____

_____

_____

_____

바르고 완전한 기도

매일 올바르게 주기도문을 기도한다면 여러분은 할 필요가 있는 모든 말들을 하나님께 할 수 있고, 또 바른 방법으로 말하는 것이 보장된다. 그러나 여러분이 올바른 마음의 태도를 가지고 있지 않다면 주기도문을 반복적으로 해도 효과가 없을 것이다. 주기도문은 보안 지역의 문을 자동으로 열어 주는 출입 코드가 아니다. … 또 여러분이 원하는 것을 얻기 위해 080번 다이얼을 돌리게 하는 신용 카드 같은 것도 아니다. 예방 접종이 그러하듯이 여러분은 여러분을 보호하기 위해 주기도문에 의존할 수 없으며, 또 주기도문은 여러분에게 특별한 특권을 주는 골프 회원권이 아니다. … 여러분은 하나님께 이야기할 때 충심을 다하여, 모든 마음으로, 모든 정신으로, 모든 육신을 다하여 주기도문을 기도하라.

예수님께서 우리를 사랑하셨듯이 우리도 이웃을 사랑하라고 말씀하신 것처럼 하나님의 가족 안에 있는 다른 사람들과 협조하여 기도해야 한다. 우리는 "우리 아버지여 … 우리에게 일용할 양식을 주시옵고 … 우리 죄를 사하여 주시옵고 우리를 시험에 들게 하지 마시옵고 다만 악에서 구하시옵소서"라고 기도하면서 그들과 함께 하나님의 보좌로 나와야 한다. 여러분이 주기도문을 끝냈을 때 여러분은 필요한 모든 말을 하나님께 했고 알 필요가 있는 모든 것을 알게 되었으며, 하나님께서는 여러분의 요구하는 모든 것으로 되어 계신다. 우리는 "나라와 권세와 영광이 아버지께 영원히 있사옵나이다 아멘!" 하고 끝맺으면서 기도할 수 있다.

– 엘머 타운즈 –

6
기도의 응답

만일 누가 우리를 보고 '당신은 기도 응답을 얼마나 받았는가?' 라고 질문한다면 자신 있게 내놓을 만한 사례들이 몇 가지나 될까? 놀랍게도 많은 사람이 기도를 하는 데 비해 응답을 많이 받지 못하는 것 같다. 기도의 응답은 성경에서 예수님이 제일 많이 언급하신 약속이다. 여러 번 반복해서 약속하신 것이면 그만큼 응답을 받을 확률이 높을 수 있다는 것을 의미한다. 만일 마땅히 응답을 받아야 할 일이고, 정상적인 기도를 하였는데 아무것도 얻은 것이 없다면, 그것은 하나님 자신의 영광에 큰 손해를 끼칠 수 있는 것이다. 그러므로 기도의 응답을 받지 못하면 하나님의 약속이 무력해서가 아니라 기도하는 우리에게 문제가 있기 때문이라고 할 수 있다. 응답이란 우리가 요구하는 그것을 얻는 것도 되지만 하나님이 원하시는 것을 주시는 경우도 포함된다. 가끔 우리는 하나님이 원해서 주시는 것을 달갑지 않게 생각할 때도 있지만 말이다.

1. 예수님이 기도의 응답에 대해 어떻게 말씀하셨는지 마태복음 7장 7~11절을 읽어 보라. 이 중에서 당신이 즐겨 외우는 구절이 몇 개 나 되는가?

_____

_____

_____

_____

_____

2. 기도의 응답을 확신시켜 주려고 같은 의미의 말씀을 어떻게 바꾸 어 가면서 다짐하고 있는가를 주의하라. (7 , 8절)

_____

_____

_____

_____

_____

3. 9~11절에서 하나님은 자신을 세상의 아버지와 비교하고 계신다. 그리고 두 가지 비유를 가지고 예를 들면서 힘주어 다짐하고 또 다짐하시는 약속이 있다. 그것이 무엇인가?

_____

_____

_____

_____

_____

4. 우리는 이 정도의 다짐을 받고도 번번이 하나님을 의심하는 버릇이 있다. 당신의 경우를 한번 이야기해 보라.

_____
_____
_____
_____
_____

5. 11절의 말씀을 순수하게 받아들인다면 한시바삐 하나님 앞으로 달려가서 속사정을 다 털어놓고 싶은 충동을 느껴야 정상이다. 당신의 마음에는 이런 충동이 어느 정도 일어나고 있다고 보는가?

_____
_____
_____
_____
_____

6. 다음의 성구들을 검토하면서 응답을 방해할 수 있는 것들이 무엇인가를 알아보자.

• 이사야 1:15

_____
_____
_____

• 마태복음 6:14, 15

_____
_____
_____

• 야고보서 1:6, 7 (참고, 마가복음 11:24)

_____

_____

_____

• 야고보서 4:3

_____

_____

_____

7. 어떻게 하면 응답을 빨리 받을 수 있는지에 대해 모세가 우리에게 가르쳐 준 방법이 하나 있다. 먼저 출애굽기 32장 7, 8절을 읽어라. 하나님이 진노하신 이유가 무엇인가? 그리고 11~13절을 읽고 모세가 이스라엘 백성을 위해 간청한 내용이 무엇인지 살펴보라.

_____

_____

_____

_____

_____

_____

8. 다음으로 하나님의 응답이 얼마나 빠른가를 주의해 보라. (14절)

_____

_____

_____

_____

9. 모세가 응답을 빨리 얻어낼 수 있었던 것은 "주께서 그들을 위하여 주를 가리켜 맹세하여 이르시기를"(13절) 이라고 하는 하나님의 약속을 붙들고 매달렸기 때문이다. 왜 약속의 말씀을 들고 나가면 응답을 빨리 해 주시는가?

_____

_____

_____

_____

10. 당신은 응답을 얻기 위해 하나님의 약속의 말씀을 얼마나 자주 들고 나가는가? 그리고 실제로 들고 나간 약속의 말씀은 무엇이며, 그 응답은 어떠했는지 예를 하나 들어 보라.

_____

_____

_____

_____

11. 기도의 응답이란 눈을 뜨자마자 금방 손안에 쥐어 주는 그런 것이 아니다. 물론 응답이 한두 시간 안에 올 때도 있다. 그러나 대부분의 기도 응답은 낙심하지 않고 오랜 시간을 거치면서 찾아온다. 오랜 기도 후에 받은 응답 하나를 소개해 보자.

_____

_____

_____

_____

12. 당신의 기도 생활에 대해서 다른 형제들과 비교하면서 고쳐야
    할 것이 없는지 살펴보라.

    _____

    _____

    _____

    _____

    _____

    _____

    _____

언젠가!

아직 응답받지 못했다고?
아니오, 응답받지 못했다고 말하지 마시오.
어쩌면 당신이 해야 할 일을 아직 완수하지 못했으리라.
역사는 첫 기도 때에 시작되었지.
또 하나님은 시작한 일을 마치시는 분이니
만일 당신이 향불을 계속 타게 한다면
당신은 당신이 원하는 것을 얻으리….
언젠가! 어디에선가!

– 오필리아 브라우닝 –

기도를 멈추면 싸움도 멈춘다.
기도는 신자의 무장을 빛나게 한다.
아무리 연약한 성도라도
그가 무릎을 꿇는 것을 보면
사탄은 두려워 떤다.

– 윌리엄 쿠퍼 –

부록

성경 읽기 안내

성경 암송 구절

과제물 점검표

성경 읽기 안내

주	구분	제자훈련	1일	2일	3일	4일	5일	6일	7일
1주		오리엔테이션	창 1~2	3~5	6~9	10~11	12~14	15~17	18~20
2주		1-1	21~24	25~26	27~31	32~36	37~40	41~44	45~47
3주		1-2	48~50	마 1~4	5~7	8~11	12~15	16~19	20~23
4주		1-3	24~25	26~28	출 1~2	3~6	7~10	11~12	13~15
5주		1-4	16~18	19~20	21~24	25~27	28~31	32~34	35~40
6주		1-5	막 1~3	4~7	8~10	11~13	14~16	레 1~3	4~7
7주		1-6	8~10	11~15	16~17	18~20	21~23	24~27	눅 1~2
8주		2-1	3~6	7~9	10~12	13~15	16~18	19~21	22~24
9주		2-2	민 1~4	5~8	9~12	13~16	17~20	21~25	26~30
10주	1학기	2-3	31~33	34~36	요 1~2	3~5	6~8	9~12	13~17
11주		2-4	18~21	신 1~4	5~7	8~11	12~16	17~20	21~26
12주		2-5	27~30	31~34	수 1~5	6~8	9~12	13~17	18~21
13주		2-6	22~24	삿 1~5	6~8	9~12	13~16	17~21	룻 1~4
14주		2-7	행 1~4	5~7	8~9	10~12	13~15	16~18	19~20
15주		2-8	21~23	24~26	27~28	삼상 1~3	4~8	9~12	13~15
16주		2-9	16~19	20~23	24~26	27~31	삼하 1~4	5~7	8~10
17주		2-10	11~14	15~18	19~20	21~24	롬 1~3	4~5	6~8
18주		2-11	9~11	12~16	왕상 1~4	5~8	9~11	12~16	17~19
19주		2-12	20~23	왕하 1~3	4~8	9~12	13~17	18~21	22~25
20주		2-13	대상 1~9	10~16	17~21	22~27	28~29	대하 1~5	6~9
21주		2-14	10~12	13~16	17~20	21~25	26~28	29~32	33~36
22주		방-1	고전 1~6	7~10	11~14	15~16	스 1~3	4~6	스 7~10 / 고후 1~9
23주		방-2	고후 10~13	느 1~2	3~4	5~7	8~10	느 11~13	갈 1~6 / 에 1~7
24주	방학	방-3	에 8~10	욥 1~3	4~7	8~10	11~14	15~17	욥 18~28
25주		방-4	욥 29~31	32~34	35~37	38~39	40~42	시 1~6	시 7~30
26주		방-5	시 31~36	37~41	42~49	50~54	55~59	60~66	67~89
27주		방-6	시 90~97	98~103	104~106	107~110	111~118	119	시 120~145
28주		방-7	시 146~150	잠 1~4	5~9	10~13	14~17	18~21	잠 22~31 / 전 1~6
29주		방-8	전 7~12	아 1~8	엡 1~6	사 1~4	5~7	8~12	13~20
30주		방-9	사 21~23	24~27	28~30	31~35	36~39	40~43	44~48
31주		3-1	사 49~51	52~57	58~62	63~66	빌 1~4	렘 1~3	4~6
32주		3-2	7~10	11~15	16~20	21~25	26~29	30~33	34~39
33주		3-3	40~45	46~49	50~52	골 1~4	애 1~5	살전 1~5	겔 1~6
34주		3-4	7~11	12~15	16~19	20~23	24~28	29~32	33~36
35주		3-5	37~39	40~43	44~48	살후 1~3	단 1~3	4~6	7~12
36주	2학기	3-6	딤전 1~6	호 1~3	4~6	7~8	9~11	12~14	딤후 1~4
37주		3-7	욜 1~3	딛 1~3	암 1~2	3~5	6~7	8~9	몬
38주		3-8	옵	히 1~2	3~4	5~7	8~10	11~13	욘 1~4
39주		3-9	약 1~5	미 1~2	3~5	6~7	벧전 1~5	나 1~3	벧후 1~3
40주		3-10	합 1~3	요일 1~5	습 1~3	요이	학 1~2	요삼	슥 1~2
41주		3-11	3~4	5~6	7~8	9~11	12~14	유	말 1~4
42주		3-12	계 1~3	4~6	7~9	10~13	14~16	17~19	20~22

성경 암송 구절

주제	과	소제목	성구 1	성구 2
1권 **제자훈련의** **터 다지기**	1	나의 신앙고백과 간증	로마서 10:9, 10	마태복음 16:16
	2	하나님과 매일 만나는 생활	히브리서 4:16	예레미야애가 3:22, 23
	3	경건의 시간	시편 1:1, 2	시편 119:105
	4	살았고 운동력 있는 말씀	로마서 1:16	디모데후서 3:16
	5	무엇이 바른 기도인가?	빌립보서 4:6, 7	마태복음 6:6
	6	기도의 응답	요한복음 15:7	마태복음 7:11
2권 **아무도** **흔들 수 없는** **나의 구원**	1	성경의 권위	베드로후서 1:21	여호수아 1:8
	2	하나님은 누구신가?	로마서 11:36상	예레미야 31:3하
	3	예수 그리스도는 누구신가?	히브리서 4:15	요한복음 14:6
	4	삼위일체 하나님	요한복음 1:1	고린도후서 13:13
	5	인간의 타락과 그 결과	로마서 5:12	히브리서 9:27
	6	예수 그리스도의 죽음	로마서 5:8	갈라디아서 3:13
	7	예수 그리스도의 부활	로마서 4:25	갈라디아서 2:20
	8	약속대로 오신 성령	사도행전 2:38	고린도전서 12:13
	9	거듭난 사람	디도서 3:5	데살로니가전서 1:3, 4
	10	믿음이란 무엇인가?	에베소서 2:8, 9	로마서 4:18
	11	의롭다 함을 받은 은혜	로마서 3:21, 22	로마서 8:32
	12	우리 안에 계시는 성령	로마서 8:26	갈라디아서 5:22, 23
	13	그리스도인의 성화	고린도후서 7:1	요한1서 3:3
	14	예수 그리스도의 재림	요한계시록 22:7	데살로니가전서 4:16, 17
3권 **작은 예수가 되라**	1	순종의 생활	마태복음 7:24	요한복음 14:21
	2	봉사의 의무	빌립보서 2:3, 4	베드로전서 4:11상
	3	그리스도를 증거하는 생활	마태복음 28:19, 20	마태복음 5:16
	4	말의 덕을 세우는 사람	누가복음 6:45	잠언 15:23
	5	영적 성장과 성숙	에베소서 4:13	빌립보서 3:12
	6	순결한 생활	고린도전서 6:19, 20	디모데후서 2:22
	7	그리스도인의 가정생활	에베소서 6:1~3	신명기 6:6, 7
	8	신앙 인격의 연단	시편 119:71	로마서 8:28
	9	그리스도의 주재권	로마서 14:7, 8	요한계시록 3:20
	10	청지기 직	에베소서 5:15, 16	디모데전서 6:17
	11	영적 전투	베드로전서 5:8	에베소서 6:10, 11
	12	새 계명: 사랑하라	요한복음 13:34, 35	요한1서 3:18

과제물 점검표

제   기   제자   반
이름

☆: 점검표시   ○: 과제물을 빠짐없이 했을 때   △: 일부부만 했을 때   ×: 전혀 하지 못했을 때

날짜	교재 내용	예습	QT	성구 암송	성경 읽기	특별 과제	점검자